Selbstbewusstsein stärken

-

Entfalten Sie ihr wahres Potenzial und entwickeln Sie unerschütterliches Selbstvertrauen

Inhaltsverzeichnis:

Einleitung

Die Welt, in der wir leben, bewegt sich laufend fort, immer schneller, und um sich darin zurechtzufinden brauchen wir Menschen um uns, die uns Rückhalt geben können. Wem können wir trauen? Unserer Familie? Unseren Freunden? Oder letztendlich der eigenen Intuition? Dies ist natürlich jedem selbst überlassen – ich habe mir für meinen Teil einige rationale Szenarien ausgedacht und deren Ergebnisse zeigen, dass ich persönlich meiner Intuition vertraue.

Lasst uns den Sachverhalt in einer rationalen Sichtweise betrachten. Schnelles oder auch zögerndes Vertrauen baut sich immer auf der Basis des Selbstvertrauens auf. Schnelles Vertrauen setzt man in die Menschen, die einem selbst das Gefühl geben, besonders, einzigartig und talentiert zu sein. Was natürlich nicht bedeutet, dass Du in Deinem Können ein Gott bist, sondern dass Du dich in kleinen Teilen von der Masse abhebst. Da ist es an der Zeit, an die eigenen Fertigkeiten in der Konfliktbewältigung (mit gewissem Hinblick auf Moral und Anstand) zu glauben.

Die Selbstachtung an sich bezeichnet eine wertende Studie im Kopf, die dauerhaft aktiv ist und einen dazu bringt, sich selbst zu entdecken und die eigenen Talente und Fähigkeiten zu erkunden, während diese Funde dann das Selbstvertrauen stärken. Quasi eine Suche nach dem Guten in einem selbst, um sich gut zu fühlen und um besser auf Kritik zu reagieren. Menschen ohne (Selbst-)Vertrauen ziehen sich in die Isolation zurück, in der sie sich vor Mitbürgern nicht rechtfertigen müssen und in der sie sich keinen gesellschaftlichen Zwängen ausgesetzt fühlen. Würden diese jedoch mehr auf das eigene Können vertrauen, könnten sie auch viel sorgenfreier am Alltag der Gesellschaft teilnehmen und sich auf andere einlassen.

Ein hohes Maß an Selbstwertgefühl ist dabei behilflich, sich rundum wohl und gesund zu fühlen und garantiert eine solide geistige Haltung, die sich im eigenen Leben etabliert und nicht immer anderen beim Leben zuschaut.

Kapitel 1: Der Weg zum Glück

Erfolg und Prestige sind zwei Güter, nach denen sich fast jeder Mensch sehnt. Kritisch begutachtet ist dies nicht gleich etwas Schlechtes. Erhält man Bestätigung, wie in etwa bei einer Beförderung, und gibt dies dann positiv in die Masse, z.B. mit dem Ansporn, dass hart arbeiten Erfolg nach sich zieht, bekommt man auch Ansehen zurück. Tritt man jedoch nur geknickt auf und trägt zur Entmutigung anderer bei, führt das nicht unbedingt zu positiver Resonanz im Umfeld.

Ist in der Welt um dich herum Platz für Menschen ohne Selbstvertrauen? Nein, wenn selbst der kleine Mann gewisses Selbstbewusstsein braucht, um sich jeden Tag aufs Neue zu motivieren und seine Fähigkeiten zu benutzen. Wir leben im 21. Jahrhundert, warum sollte man sich selbst die Hände binden, wenn es da draußen Hände voller Möglichkeiten gibt? Ohne Mut, ohne Selbstvertrauen gibt es kaum Chancen das Leben zu führen, was man führen will.

Für einen kompetenten Redner gibt es wichtige Komponenten, die er beachten muss, u.a. freies Sprechen, das physische Auftreten, das Verhältnis zwischen angemessener Wortwahl und fachlich richtigem Inhalt. Diese Teilstücke basieren jedoch nur auf der Grundlage der eigenen und übermittelten Zuversicht und dem Glauben an sich selbst. Wer kann halten was er verspricht, wenn er nicht mal glaubt was er sagt? Genauso lässt sich dies auf zwischenmenschliche Gespräche übertragen. Trittst Du Deinem Gesprächspartner zuversichtlich und ehrlich gegenüber, wird er Dir eher vertrauen und Dich für einen ebenso ehrlichen Menschen halten und wertschätzen. Wenn Dir Menschen mit reeller Kritik entgegenstehen, fass diese auf, lass ihr gegebenenfalls Platz und lerne daraus. Wer aufrecht steht erfährt viel Gegenwind! Andernfalls, falls Dir Menschen absichtlich mit ihrer Denkweise schaden wollen oder illegitime Argumente entgegenbringen, wirst Du auch damit umgehen lernen. Sollte es mit einer angemessenen Gelassenheit und Ruhe beim friedlichen Argumentieren nicht dazu kommen, dass Du Deinen Gegenüber überzeugen kannst, dann ist diese Situation nun so. Die Person hat einfach eine andere Perspektive über den Sachverhalt oder beharrt auf einer unplausiblen Alternative. Mit genügend Selbstvertrauen hinterlassen solche Dispute wenig Dreck auf einem selbst und steigern zudem die Leichtigkeit, mit solchen Situationen umzugehen.

Öffentliche Redner zweifeln selten und sind auch keine Schwarzmaler. Bei gegebenem Anlass wird die eigene Erzählweise oder auch Strategie hinter dacht, um besser auf das spezifische Publikum eingehen zu können und die eigene Intention empirisch oder auch konkret besser zu übermitteln.

Hältst Du selbst eine Rede, frage dich zuvor, was Du von einem Profi in dem Fall fachlich und verbal erwarten würdest und versuche dies so gezielt wie möglich bei Dir umzusetzen. Auch lernen aus den Fehlern anderer ist nicht verboten! Nimm Dir ebenfalls negative Beispiele vor, um aus passiver Körperhaltung, monotoner Stimme oder deplatzierter Syntax Deine Lehren zu ziehen. Es kommt vor allem darauf an, das normale und gesunde Level an Selbstzweifeln zu bestimmen, in dem Du weder passiv und zwiegespalten, noch im Gott-Modus bist und eigene Schwächen komplett verneinst, obwohl sie (noch) offensichtlich sind.

Ob nun bei Dir entdeckerische Talente, kreative Künste, Begabungen im körperlichen Bereich oder mathematische Fähigkeiten vorliegen, das wirst Du entdecken oder schon entdeckt haben - auch wenn Dir die jetzige Welt das Gefühl vermitteln mag, dass nur Dein Aussehen oder Netto-Einkommen zählt. Deine Fähigkeiten und Talente entdeckt nicht die Welt, sondern Du ganz allein! Sobald du erkennst, dass es Sachen oder Seiten an Dir gibt, die in deinem Sinne etwas Bedeutendes sind, werden auch andere darauf aufmerksam. Baue Dein Ich nicht auf gespielter oder übertriebener Aufmerksamkeit anderer auf, sondern lass es eine Folge Deines Selbstbewusstseins sein, dass dich andere bemerken. Während einige täglich vor der Konsole hocken, gibt es da draußen Menschen, die ihren Traum bereits leben, ihrer Intuition folgen und vollends mit sich zufrieden sind.

Was man vor allem bei ernsthaften Politikern, Wissenschaftlern, Unternehmern und Revolutionären bemerkt – Selbstvertrauen, Zielstrebigkeit und Zuversicht sind essentiell, um auch Andere vom eigenen Glauben zu überzeugen und sich im Volk Verständnis zu erhaschen. Sie präsentieren sich mit wohlwollender Sicherheit, scheinen mit ganzem Herzen bei der Sache zu sein und betonen immer und immer wieder das Ziel, das nur wenige Meter entfernt zu sein scheint, weil daran geglaubt wird.

Drehen wir die Situation überspitzt ins Negative. Du glaubst, Du bist ein Niemand. Du kannst nichts, deshalb liebt dich niemand. Das ist eine recht logische Schlussfolgerung, jedoch nur die Schlussfolgerung. Die Ursache ist falsch. Dass Du nichts kannst redest Du Dir selbst oder die Menschen in Deiner Umgebung ein, die Dir schaden wollen. Damit verbreitest Du miese Stimmung und Unwohlsein, das auch auf Andere abfärbt. Mit zu wenig Selbstvertrauen schadest Du nicht nur Dir, sondern ziehst vielleicht auch deine Mitmenschen runter. Du musst lernen, dass Deine eigene Umgehensweise auch andere beeinflusst, ohne, dass Du das bewusst wahrnimmst und steuerst.

Wenn Du Dein persönliches Potential nutzt und zeigst, wird das auch andere inspirieren, ihrem Können zu folgen und ihre Ziele in Angriff zu nehmen. Auch vermittelst Du so ein Gefühl von Vertraut- und Verlässlichkeit im Gegenüber, indem du sie ermutigst und anspornst, so, wie Du es mit Dir selbst handhabst! Auch sollte Dir der Egoismus nicht zu sehr ins Leben treten. Ein gesundes Selbstvertrauen soll nicht dazu führen, dass Du zum Gott wirst und dich nicht mehr kritisieren lässt. Deine guten Seiten und Talente sollen in erster Linie für dich selbst etwas bedeuten und nicht nur darauf abzielen, dass alles anerkannt und gelobt wird. Wenn das, was Du tust, einen Nutzen für andere entwickelt, dann wirst Du die Resonanz, die Du Dir erträumst auch erhalten. Ein positiver Einfluss auf andere, indem Du zum Beispiel ehrlich gemeinte Komplimente verteilst oder Rückhalt bietest, ist ebenfalls essentiell. Von Egoismus zeugt das dann nicht mehr. Es ist auch immer wichtig, genügend Selbstreflexion zu betreiben – war das gut, was ich gemacht habe? Hat es anderen geschadet? Habe ich nur an meinen Vorteil gedacht? Sind die Ergebnisse mit meinen oder den Wünschen anderer vertretbar? Erst wenn man den Mittelweg zwischen Zweifler und Macher gefunden und alles gut durchdacht hat, kann man dann auch stolz auf sich sein.

Vor allem Zweifler machen sich ihr Leben unnötig schwer. Stell Dir vor, dass dich Dein langjähriger Partner verlassen hat, bist Du die Person Mensch, die sich ohne hinterfragen immer die Schuld gibt und sich unnötig fertig macht für etwaige Aussagen, Handlungen und Gedanken? Oder bist Du die Person, die sich als absolut unschuldig inszeniert? Dies ist abhängig von der Situation. Hast Du wirklich Fehler gemacht, sieh sie ein, versuch an Dir zu arbeiten und werde in Deiner nächsten Beziehung ein besserer Mensch! Hast Du jedoch wirklich nichts Erkennbares falsch gemacht und bist schlimmstenfalls ausgenutzt worden, dann sei immer fest davon überzeugt, dass Du etwas Besseres verdient hast! Fang nicht an, dich für jedes Deiner gewählten Worte zu entschuldigen, dich auch letztendlich nicht für alles zu entschuldigen, was dich ausmacht. Das ist zeitaufwendiger als jeder Fulltime-Job und lässt dich schwach und zögerlich erscheinen. Noch einmal ganz klipp und klar: Entschuldige dich niemals dafür, wer Du bist, entschuldige dich höchstens dafür, wer Du mal warst, wenn Du dich jetzt besser fühlst.

Durch mehr Selbstvertrauen wirst du emotional, sozial und auch finanziell unabhängiger. Unabhängigkeit sei jedoch nicht mit Isolation gleichzusetzen. Du musst nicht ständig um Hilfe betteln, kannst viel eher noch andere unterstützen und bekräftigen und kannst eine starke Schulter zum Anlehnen für andere werden. Man muss nicht knausrig schon am Anfang des Monats Angst haben, dass am Ende nichts vom Geld übrig bleibt – was natürlich auch nicht heißt, leichtsinnig und irrational zu werden. Gerade diese Sorgen, die man sich als Zweifler scheinbar alle drei Minuten macht, übertragen sich wieder auf andere und sorgen für Angespanntheit.

Beim Besichtigungstermin der hypothetisch künftigen Wohnung darf man auch nicht wie in Geldnot wirken, man muss zeigen, dass finanziell alles machbar ist und sich andere keine Sorgen machen brauchen. Du erhöhst so nicht nur Deine Würde, sondern auch Dein Ansehen.

Kapitel 2: Das richtige Maß an Selbstvertrauen

Beim Selbstvertrauen verhält es sich ähnlich der aristotelischen Theorie der „Goldenen Mitte", die das optimale Maß einer gewissen Eigenschaft widerspiegelt. Das ist (lt. Aristoteles) die daraus entstehende Tugend. So findet sich zwischen Angst und Tollkühnheit Mut wieder, welcher dann die Tugend darstellt. Dies ist jedoch nie die exakte Mitte der zu groß oder zu klein geratenen Charaktereigenschaft. Genauso ist es auch im Bezug auf das Selbstbewusstsein – zu große bzw. zu kleine Mengen davon schaden Dir und auch Deinem Umfeld.

Es ist durchaus gefährlich, ein zu gutes Bild von sich selbst zu haben. Man findet sich in stechender Ignoranz wieder, verliert den Bezug zur Realität. Man erkennt nicht mal im kleinsten Bereich auch nur minimalistische Zweifel an, auch Kritik von außen wird entweder lauthals verneint oder gleich insgesamt ignoriert.

Bei einem winzigen Selbstvertrauen gestalten sich schon Alltagssituationen schwierig, doch am schwersten fällt es den meisten Menschen, sich im direkten Vergleich mit anderen zu behaupten. Sei es bei einem Bewerbungsgespräch oder bei einer Wohnungsbesichtigung. Es gibt meist nur wenige Plätze zu besetzen oder Wohnungen zu vergeben und es scheint schwer zu glauben, dass genau diese Chance auf einen selbst zutrifft. Wichtig ist vor allem eine positive Ausstrahlung, ein freudiges Lächeln, verbunden mit einer authentischen Körperhaltung. Ruf Dir vor Augen, dass Du einer der Wenigen bist, die überhaupt die Chance haben, um diesen Job/diese Wohnung zu erhalten.

Blende aus, was die anderen vielleicht für bessere Qualitäten aufweisen, liquider sind oder charismatischer – es geht um Deinen Wunsch und Du hast die Chance dazu! Primär bei Wohnungsbesichtigungen bzw. Gesprächen mit dem Vermieter ist es essentiell, selbstsicher im Bezug auf die eigene finanzielle Situation zu sein. Zögerliche oder etwaige Aussagen verwirren nur und lassen dich unsicher dastehen. Trotzdem solltest Du auch nicht protzen und übertreiben, was Deine finanziellen Umfänge betrifft. Ein gewisses Maß an Selbstsicherheit und eine offene und ehrliche Körperhaltung lassen schnell den Eindruck aufkommen, Du weißt was Du tust und Du selbst bist davon überzeugt, dass es richtig so ist.

Zuversicht und Selbstvertrauen sind zwei Begriffe, die oft im gleichen Kontext verwendet werden. Der Unterschied liegt in der Ausprägung beider in der überspitzten Form – während zu hohes Selbstvertrauen unseren Mitmenschen schadet oder sie in ihrem Treiben aufhält, schenkt große Zuversicht Mut und bekräftigt unsere Liebsten.

Positiv an vorerst sehr großem Selbstbewusstsein ist vorrangig das Abheben von der Masse, der Ansporn an einen selbst und man kann das eigene Niveau leicht steigern. Das erkennt man zum Beispiel bei Sportlern, die erst begonnen haben und sich schon die größten Ziele stecken, die eigentlich nur mit genügend Zeit und Training erreichbar sind. Erst danach ist es unbedingt notwendig, zu erkennen, dass man Kompromisse eingehen muss, um unbeschwert in der Gesellschaft zu leben und das eigene Können in optimale und nicht zu große Wege zu leiten. Aufkommende Kritik muss einfach verarbeitet werden und darf nicht schier am Ego abprallen. Im Bezug auf Sportler wird immer öfter klar, dass Selbstvertrauen dazu gehören muss – ob in Eigenmotivation oder auch im Konkurrenzdenken. Am aller wichtigsten ist immer der Blick nach vorn – und niemals abheben! Wer glaubt, Hulk zu sein, wird irgendwann aufhören an sich zu arbeiten, in der Hinsicht, sowieso in allem der Größte zu sein.

Kapitel 3: Die gebundene Freiheit

Gerade auf dem heutigen Arbeitsmarkt ist es schwer, die eigenen Fehler teilweise auszublenden. Mobilität, Multitasking und gesteigerte Effizienz sind wichtige Aspekte, mit denen man heutzutage vorankommt. Fehler einzugestehen und an ihnen zu arbeiten sind essentiell, wobei man sich oft selbst im Weg steht. Zu viele Forderungen prasseln auf einen ein und man fühlt sich leicht unbrauchbar und ineffizient. Im schlimmsten Fall erscheint man inkompetent – meist hervorgerufen durch schlechte Ausstrahlung, denn Auftreten ist wirklich alles! Schüchternheit oder das Untergraben der eigenen Fähigkeiten schmälern auch das Bild anderer von Dir. Überzeuge Deinen künftigen Arbeitgeber davon, dass genau Du der Richtige für den Job bist und beweise dies dann auch beim Arbeiten. Der Glaube an dich selbst ist nicht zu heucheln, er muss auch tatsächlich existieren. Es bringt nichts, anderen vorzutäuschen, dass man gut ist, wenn man sich selbst als eines der schlechtesten Geschöpfe wahrnimmt. Nimm Deine Talente konsequent wahr, seien sie auch in Deinen Augen unnütz oder unbrauchbar, ganz sicher trägst Du damit Deinen Teil zur Gesellschaft bei.

Besonders schwierig gestaltet sich die Steigerung des Selbstvertrauens, wenn man in gewissen Ängsten gefangen ist. Zukunftsängste und Minderwertigkeitskomplexe stellen hier nicht die Ausnahme. Vieles resultiert aus anerzogenen Charaktereigenschaften. Aufmerksamkeitsdefizite durch ständig beschäftigte Eltern oder Komplexe durch perfektionistische Eltern sind Erscheinungen, die viele von uns begleiten - dass wir nichts dafür können, sollte außer Frage stehen. Dennoch glauben viele im Nachhinein, andauernde Fehler zu haben oder Neue an sich zu entdecken. Sehr fordernde Eltern vermitteln primär trotzdem das Gefühl, dass es immer an der eigenen Stärke gehapert hat, an der Zielstrebigkeit, am Willen. Sowas zieht sich leider bis ins Erwachsenenalter. Menschen, die so etwas betrifft, werden auch weiterhin glauben, dass es immer etwas an einem selbst ist, was einen am Vorankommen hindert. Doch das Einzige, was einen vom Vorankommen wirklich abhält, ist die Angst, nicht gut genug zu sein – und das ist keine Tatsache, nur eine Vermutung.

Letztendlich belasten die Ängste, die aus der Kindheit adaptiert wurden, zum größten Teil nur einen selbst. Es schädigt nicht nur dem Selbstvertrauen, sondern auch proportional dazu dem Vertrauen in andere. Wenn wir eine gewisse Meinung von klein auf eingetrichtert bekommen, vor allem was Geschlechterrollen, politische Überzeugungen oder auch den Umgang mit verschiedenen Ethnien betrifft, sind wir voreingenommen. Stereotypen und Vorurteile bestimmen dann das Verhältnis zum Gegenüber. Von vornherein werden gewisse Personengruppen ausgegrenzt, was nicht nur der Gesellschaft, sondern letztendlich einem selbst schadet. Wer zeigt wahres Interesse an einem Menschen, der scheinbar zu beschränkt ist, festzustellen, dass gewisse ethnische oder körperliche Unterschiede existieren, diese aber einfach nicht zählen?

Von den Eltern eingepflanzte Stereotype überleben bei einer gesunden, offenen und respektvollen Einstellung gegenüber Menschen nicht lang. Es ist auch außerdem nicht annähernd angenehm zu wissen, dass man zu wenig Verstand besitzt, um sich seine Meinung selbstständig bilden zu können. Auch wenn einen Erfahrungen aus dem eigenen Leben wieder hin zu diesen Stereotypen führen, quasi ein Vorurteil bestätigt wurde, liegt es trotzdem an einem selbst, nicht den Mut zu verlieren. Nehmen wir das Beispiel, dass ein Mann von seiner Frau betrogen wurde und sich sehr nach einer vertrauensvolleren Frau sehnt. Die absolut falsche Reaktion setzt sich aus Pauschalisierung und Mitteilungsdrang zusammen: Es entsteht ein Facebook-Post, in denen alle Frauen als hinterhältige, geldgierige Nymphomaninnen dargestellt werden.

Hättest Du, angenommen als vertrauensvolle und treue Frau, jetzt noch Lust, ihm vom Gegenteil zu überzeugen oder lässt von ihm ab, weil es sich in Deinen Augen nicht lohnt? Ich, für meinen Teil, würde mich damit schon verurteilt fühlen, bevor mich der Mann überhaupt kennengelernt hat.

Hier sollte nun ein Wandel stattfinden – Menschen finden, die einem das Gegenteil beweisen. Doch zuerst muss sich ein gewisser Glaube an sich und Offenheit gegenüber anderen etablieren, bevor andere auf einen aufmerksam werden. Wenn diese Dinge ineinander greifen besteht viel Hoffnung! Kleinere Komplimente von Freunden über z.B. künstlerisch Produziertes steigern das Selbstgefühl immens. Lass dich auf andere ein, zeig ihnen Deine guten und auch schlechten Seiten, und wenn sie es wert sind, wirklich Freunde genannt zu werden, dann werden sie dich bekräftigen, in fast allem, was Du tust. Auch bei der Reflexion des momentanen Seins können dich Freunde begleiten – Dir sagen, was Du gut gemacht hast, woran Du noch arbeiten solltest, aber vor allem bei der Akzeptanz. Dies ist eins der wichtigsten Güter der Freundschaft. Man akzeptiert kleinere Macken, treibt sich gegenseitig voran und vermittelt das wahnsinnig schöne Gefühl, normal im Vergleich zu anderen und dennoch besonders zu sein. Wenn man bemerkt, dass andere einen so akzeptieren können, wie man ist, sollte es nicht allzu schwer sein, das auf sich selbst zu übertragen.

Kapitel 4: Steh einfach immer wieder auf!

Nachdem Du enttäuscht worden bist oder auf der Karriereleiter wenig Erfolg verspürst, sollte dies kein Anreiz sein, endlos an Deinem Sein zu zweifeln und letztendlich vollends zu stagnieren. Viele Menschen entwickeln genau in solchen Situationen den An- und Ehrgeiz, sich stetig zu verbessern. Diesen Ehrgeiz entwickelt man jedoch nur durch ausreichend Selbstbewusstsein. Letzteres muss man unbedingt auf den persönlichen Fähigkeiten aufbauen, die man sich beim Scheitern dann immer und immer wieder vor Augen führt, bis man sich schlussendlich selbst davon überzeugt hat, dass man vieles gut kann und genau darauf aufbaut.

Am besten lässt sich dies auf das Arbeitsleben übertragen. Nehmen wir an, Du hast von Deinem Vorgesetzten eine saftige Rede erhalten, in der Dein Können und Schaffen denunziert wurde. Willst Du der Typ Mensch sein, der sich ewig entschuldigt und sich zuhause fertig macht? Oder willst Du jemand sein, der genau dadurch die Energie erhält, es dem Vorgesetzten richtig zu zeigen, konzentrierter zu werden und seine Arbeit besonders gut auszuführen? Nebenbei nützt es auch oft nichts, sich zu dauerhaft zu beschweren, ob über Umstände oder Personen. Vor allem Vorgesetzte oder Chefs können im Extremfall eine ziemliche Ignoranz an den Tag legen oder nutzen Beleidigungen, um zum gewünschten Ziel zu kommen. Diese Menschen gehen davon aus, dass Du Diskreditierung als Sprungbrett für größeres Schaffen nutzt. Sonst würden sie nicht so mit Dir umgehen. Wenn Du jedoch versuchst, dich unmenschlich zu verbiegen und in eine Haut schlüpfst, die nicht Deine ist, dann erweist sich dies als sinnlos. Wenn Du nicht Du bist, was kann „der Andere" dann mit Deinen persönlichen Fähigkeiten anfangen?

Natürlich klingt das alles immer viel einfacher gesagt als getan, vor allem für Menschen, die mit Phobien zu kämpfen haben. Das Gefühl, sich selbst im Stich zu lassen ist unerträglich. Dabei geht es um Spinnenphobien, die einen vor anderen ängstlich, peinlich und schwach wirken lassen können. Verfolgungswahn oder Keimphobien lassen den Alltag unglaublich schwerer werden. Auch soziale Angststörungen hinterlassen große Spuren in einem selbst. Oft quält einen die Frage, warum genau einen selbst das trifft, warum man diese Schwierigkeiten hat, warum man sich das selbst teilweise einbrockt. Ein normales Leben ist so schwer vorstellbar. Ganz wichtig ist immer der Glaube daran, dass Du nicht der einzige Mensch bist, dem sowas widerfährt. Es gibt genügend andere Leute, die genauso darunter leiden. Andernfalls rufst Du Dir vor Augen, dass Du auch sicher nicht am schlimmsten dran bist.

Eigene Phobien zu bekämpfen, welche vor allem soziale Angstzustände oder starke Vertrauensprobleme beinhalten, muss nicht unbedingt psychologisch betreut werden. Das geht meist selbst, da keine haftbare Person zwischen einem und dem Ziel steht, sondern man nur selbst den Fuß in der Tür hat. Und um diese Tür vollends zu öffnen, musst Du dich in Ruhe hinsetzen und über dich selbst nachdenken. Was kannst Du? Worin bist nur Du gut? Mit was identifizierst Du dich? Ist es etwas Positives oder Negatives? Bei Problemen, auf Menschen zuzugehen oder sich schon in die Nähe von Menschenmassen zu trauen, hilft es oft, sich kleinere Ziele zu setzen, die man Tag für Tag versucht umzusetzen. Diese Ziele könnten wie folgt aussehen: Grüße einen fremden Menschen! Frage einen Fremden nach dem Weg! Rede mit der Verkäuferin beim Bäcker über das Wetter!

Es mögen zwar vielleicht kleine Ziele sein, jedoch niemand (dich eingeschlossen) sollte sofort erwarten, dass Du ein tolles Date hast, obwohl Du Angst hast, mit Frauen zu sprechen. Auch bei Nichteinhalten Deiner Ziele solltest Du stets daran festhalten, bis es einigermaßen besser wird. Zieh dich auf keinen Fall weiter in die Isolation zurück! Jeder Schritt vor die Tür kann ein neuer Schritt in ein besseres Leben sein!

Du musst auch bei Deinen Fähigkeiten differenzieren, ob sie in Deinem Arbeitsumfeld oder im Freundeskreis besser ankommen. Bist Du besonders arbeitsam und effizient in Deinem Tun, wirst Du sicher von Deinen Kollegen positive Resonanz erhalten. Bist Du eher künstlerisch begabt, kannst gut schreiben, singen oder zeichnen, hole Dir von Deinen Liebsten Bestätigung. Hast Du gute Kollegen und wahre Freunde, werden sie Dir zeigen, dass Du dies oder jenes gut kannst.

Natürlich ist Anerkennung immer etwas Gutes, solltest Du jedoch wahres Selbstvertrauen entwickeln wollen, musst Du auch unabhängig von anderen nur für dich selbst glänzen. Wenn Du zum Beispiel einen schönen, tiefsinnigen Text verfasst hast, führe ihn Dir zu Herzen und überlege, ob Du stolz auf dich bist. Baust Du Deinen Stolz auf anderen auf oder stehst Du wirklich selbst hinter dem, was Du tust, ohne ständig gelobt zu werden? Wenn es kein anderer tut, dann lobe dich selbst! Das Identische zählt nicht nur für Deine Fähigkeiten, sondern auch für Dein Aussehen. Brauchst Du die Bestätigung von anderen, dass Du gut aussiehst, um dich wohl zu fühlen? Gefällt Dir, was Du im Spiegel siehst? Es beginnt wirklich dabei, dass Du das, was Du an Deinem Körper nicht ändern kannst zu akzeptieren versuchst, und Sachen, die Du ändern kannst, auch in Angriff nimmst. Wer soll dich für schön und selbstsicher halten, wenn Du nicht mal Dein eigenes Spiegelbild erträgst?

Ansonsten machst Du dich abhängig von anderen Meinungen und Ansichten. Du adaptierst Idealvorstellungen von Deinen Mitmenschen, versuchst sie verkrampft umzusetzen und dann kommt etwas heraus, was zwar noch Deinen Namen trägt, Dir jedoch in keiner Hinsicht ähnelt. Das überträgt sich nicht nur auf Deine Einstellung, sondern damit verbunden auch Deinem Handeln. Du machst dich quasi abhängig von anderen und deren

Vorstellungen. Wenn Du nicht so handelst, wie Du eigentlich willst, sondern nur beabsichtigst, anderen zu gefallen, wird Dir das auf die Füße fallen. Du wirst so nur denen gefallen, die dich so wollen, nicht denen, die dich bedingungslos mögen würden. Und glaub mir – das ist keine Alternative für eine gesunde Freundschaft, die das Beste aus Dir rausholt!

Es wird genügend Menschen geben, die Dir Steine in den Weg rollen. Du wirst sie früher oder später als unnötigen Ballast identifizieren und dich von ihnen abwenden, das ist auch richtig so. Halte dich wirklich an die Menschen, die Dir ehrlich das Gefühl vermitteln, Du bist besonders und genau das und jenes mögen sie an Dir! Es gibt genügend Personen, die ihr Selbstbewusstsein durch Erniedrigung anderer erhalten, die den Drang haben, sich in allem zu messen. Das sind pure Egoisten, die an sich auch keine Vorbilder für gesundes Selbstvertrauen sind.

Kapitel 5: Selbstbewusstsein in Sekunden

Auf keinen Fall entwickelt sich ein gutes und natürliches Selbstvertrauen in wenigen Sekunden, das ist ein Prozess, der durch mehrere Jahre und Umstände geprägt ist. Dennoch gibt es kleinere Tipps, mit denen man einige Situationen besser übersteht und auch gleichzeitig nicht innerlich durchdreht.

In Momenten, in denen wir stark zweifeln und dadurch in einer gewissen Melancholie versinken zu scheinen, ist es ratsam, einfach zu lächeln. Damit meine ich kein gequältes, aufgesetztes Lachen, sondern ein Ehrliches. Hier entsteht eine Kopplung der Physis und Psyche – durch den mechanischen Prozess des Lächelns aktivieren elektrische Impulse die Ausschüttung von Serotonin (Glückshormon) im Hirn und wir werden glücklicher. Klappt garantiert auch in traurigen Momenten.

Eine gängige Methode ist das „Ankern" – man verbindet gewisse physische Bewegungen oder „Ticks" mit Emotionen. Ich persönlich reibe meine Handflächen schnell aneinander und mein Puls erhöht sich automatisch, so empfinde ich sofort Vorfreude, ich brauche nicht einmal einen Grund dazu. Andersrum jedoch muss es sich erst etablieren. Beginne, in Situationen, in denen Du dich bald auf etwas freuen wirst, sei es ein freier Tag oder ein besonderes Event in Deinem Leben, Deine Hände aneinander zu reiben. Dabei solltest Du natürlich nicht hämisch wirken, sondern lachen und dich ernsthaft freuen. Wiederhole das so oft wie möglich über einen längeren Zeitraum und die Emotion wird mit der körperlichen Betätigung in Deinem Kopf verbunden. Die Bewegung sollte aber auf jeden Fall immer so gut wie identisch sein. Nach gewisser Zeit sollte es Dir möglich sein, mit dem bloßen Händereiben Vorfreude oder allgemein Freunde zu empfinden. In traurigen Situationen, wenn Du dich allein und verlassen fühlst, sollte Dir das eindeutig helfen. Natürlich kannst Du Dir auch andere Bewegungen und Kniffs ausdenken, die es Dir ermöglichen, in die gewisse Emotion und Stimmung zu kommen. Unterbewusst passiert dies schon oft genug – ein Griff an die Stirn bei Scham, rollende Augen beim Fremdschämen oder schmale Lippen bei Zorn.

Kapitel 6: Ausstrahlung und natürliche Wirkung

Wie Du auf andere wirkst lässt sich einfach mit einem Blick in den Spiegel begutachten. Legst Du Wert auf Dein Äußeres? Stehst Du aufrecht oder eingeknickt? Guckst Du meistens traurig durch die Gegend ober bist Du auch mal gewillt, Deinem Spiegelbild zuzuzwinkern?

Selbstvertrauen hilft nicht nur der eigenen Person, sondern steckt Menschen in der Umgebung an und hinterlässt ebenfalls ein gutes Bild von einem selbst. Dies ist in amtlichen und öffentlichen Situationen, in denen es z.B. um einen Job oder auch einen Kredit geht, essentiell.

Was ist für dich persönlich innere Stärke, wie sind deren physischen Auswirkungen? Nimm Dir wirklich Zeit und schreibe die Merkmale nieder. Vielleicht kreisen Deine Gedanken um Schönheitsideale, strahlende Gesundheit oder besondere körperliche Fitness. Schreibe nun daneben, was genau für dich umsetzbar ist, was einfach, was schwer umzusetzen ist oder welche Dinge unerreichbar sind.

In einem amerikanischen Experiment mit 1000 Testperson wurden letzteren viele Videos/Fotos von mimischen und gestischen Emotionen gezeigt. Daraus sollten besonders selbstbewusste Attribute herausgefiltert werden – überraschenderweise ließen sich diese auf nur Drei reduzieren.

1. Wer hat es geahnt? Eine aufrechte und gerade Körperhaltung strahlt Selbstvertrauen aus. Damit tritt man seinem Gegenüber ehrlich und offen entgegen, wirkt einladend und nicht ablehnend und kann auch besser interagieren. Wer nur rumhängt vermittelt Inkompetenz und Unsicherheit und greift auch viel seltener zur Gestik als aufrecht stehende Menschen – Aufrichtigkeit wird ausgestrahlt.

2. Beim zweiten Attribut handelt es sich um den schweifenden Blick. Damit ist kein arroganter oder gar abwertender Blick gemeint, sondern ein aufmerksames Auftreten und letztlich auch Interesse. Darüber hinaus wird eine angemessene Kontrolle über die Situation ausgedrückt, die anderen Ruhe und Sicherheit vermittelt.

3. Was wahrscheinlich auch von Dir in Betracht gezogen wurde, ist eine starke, klare und bestimmte Stimme. Du sollst aber natürlich weder als Schreihals, noch als ADS-Patient deklariert werden. Hierbei ist es wichtig, dass Du dich im Notfall (!) über andere hinwegsetzen könntest, aber trotzdem auch die Ruhe bewahren kannst. Tiefere Stimmen strahlen gleichzeitig Gelassenheit aus, da sie nicht an das Kratzen von Nägeln auf Glas erinnern. Eine gewisse Stärke drückt Bestimmtheit aus, man scheint zu glauben, die Person weiß wovon sie spricht und steht auch vollends dahinter.

Nachwort

Abschließend möchte Ich mich noch einmal von ganzem Herzen bei Ihnen bedanken.

Mit dem Erwerb dieses Ratgebers haben Sie mir gezeigt, dass Sie Vertrauen in mich, meine Erfahrungen und meine Arbeit gesetzt haben.

All das Wissen habe Ich mir über die Jahr mühsam angeeignet und versuche dieses nun so gut und verständlich wie möglich Ihnen mit auf den Weg zu geben. Ich hoffe Ich kann Sie damit auf Ihrem Lebensweg unterstützen!

Hierbei handelt es sich lediglich um einen Ratgeber und keine Garantie für wachsendes Selbstbewusstsein. Einige Tipps sind pauschal und treffen nicht die jeweiligen Probleme eines jeden Einzelnen.

Versuche, viele dieser Tipps in Deinen Alltag zu integrieren. Unbedingt noch zu erwähnen ist, dass Du nicht alles auf eigene Faust schaffen musst. Sollte die Anzahl Deiner Freunde noch so klein oder inexistent sein, suche Dir in Deiner Familie Hilfe oder auch in Internetforen. Anerkennung und Ermutigung sollte keinem schaden, wenn er versucht, ein selbstsicherer Mensch zu werden.

Lass Dir zuletzt noch sagen: Ich glaube an dich, auch wenn Du es scheinbar im Moment noch nicht ganz oder nur in kleinen Teilen kannst. Ich glaube daran, dass es für jeden möglich ist, ein gesundes und natürliches Selbstbewusstsein zu erlangen!

Ich hoffe, dass Du einiges aus diesem, bewusst kurz gehaltenen Ratgeber, der alles knackig auf den Punkt bringen sollte, mitnehmen konntest und mit den Inhalten, Tipps und Trick positive Veränderungen erzielen kannst.

Über ein Feedback Deinerseits, mittels einer Bewertung auf Amazon, würde ich mich sehr freuen und es sehr schätzen!

Ich wünsche Dir für deine Zukunft alles erdenklich Gute und hoffe Dich auch weiter auf deinem Weg, mit meinen Erfahrungen und Tipps, unterstützen zu dürfen.
Herzlich grüßt,
Adrian Engel

Bonus-Kapitel:

Um meine Dankbarkeit noch ein bisschen mehr zum Ausdruck zu bringen möchte ich Dir hier einen kleinen Ausschnitt aus meinem Buch: **Der Charisma Mythos** kostenlos schenken. Den Link zum Buch findest Du auch nach diesem Kapitel unter den Büchern des Autors. Viel Spaß!

Kapitel 6: Sofort mehr Charisma

Jetzt erfährst Du die geheimen Tricks und Kniffe um dein Charisma-Level sofort zu steigern! Die Techniken die Ich Dir jetzt vorstellen werde kommen aus dem NLP (Neurolinguistisches Programmieren), der Persönlichkeitsentwicklung und von einigen Flirtcoaches! Die Tipps die Du jetzt erhältst musst du unbedingt alleine umsetzten damit sie ihre wahre Wirkung zeigen. Sie werden Dich etwas Mut kosten, aber wenn Du schon bis zu dieser Stelle des Buches gekommen bist glaube Ich fest daran, dass Du das mit Leichtigkeit schaffst! Wie gesagt: Für Veränderung müssen wir aus unserer Komfortzone heraustreten. Das Leben ist nun einmal Veränderung.

Soziale Interaktionen:

Die großen Charismatiker der Geschichte und unserer Zeit konnten alle dasselbe sehr gut: Mit Menschen umgehen und Menschen für sich begeistern. Wenige davon konnten es vielleicht schon von Geburt an, die meisten aber mussten es erlernen. Wie haben Sie das gemacht fragst Du? Sie haben sich mit anderen Menschen beschäftigt!

Wenn Du besser im Umgang mit anderen Menschen werden willst, musst du zu allererst die Grundzüge sozialer Interkation kennenlernen. Das Bedeutet, dass Du vom Sessel auf die Straße musst. Soziale Interaktionen kann man vielleicht aus einem Buch in der Theorie beherrschen. Ich rate Dir aber deine eigenen Erfahrungen zu machen.

Sprich mit so vielen Leuten wie möglich. Auch wenn es nur die Kassiererin im Supermarkt ist.

Sei immer höflich und kritisiere niemanden. Menschen neigen dazu Kritik als Angriff anzusehen. Sie blocken dadurch komplett ab und verschließen somit die Augen vor der realen Welt. Jedem unterläuft der Fehler, selbst wenn man selbst im Unrecht ist!

Kontakt zu anderen Menschen ist der Grundstein für einen charismatischen Charakter. Baue mit den sozialen Interkationen ein Netzwerk auf und pflege es. So wirst Du nicht nur mehr Freunde finden, sondern auch im Geschäft einen großen Vorteil haben. Dein Netzwerk ist deine stärkste Währung!

Verantwortung übernehmen:

Charismatiker hatten schon immer viel Verantwortung. Das beste Beispiel dafür ist wohl Gandhi. Er trug schließlich das Schicksal ganz Indiens auf seinen Schultern. Verantwortung bringt dir nicht nur mehr Charisma, sondern sie lässt Dich auch als Menschen wachsen. Du wirst unabhängig und im menschlichen Sinne selbstständig!

Verantwortung zu übernehmen ist nicht immer sehr leicht. Fange deshalb mit kleiner Verantwortung an und steigere dich immer mehr. Die Menge an Verantwortung kann man natürlich nicht messen, aber Ich denke Du verstehst was Ich damit meine. Verantwortung lässt dich nicht nur als Menschen wachsen, es gibt dir auch viel Macht über andere. Viele geben Verantwortung ab und damit auch ihre Macht! Sie trauen sich nicht viel zu und haben wenig Selbstbewusstsein. Du bist anders!

Ehrlichkeit und Offenheit:

Mit Ehrlichkeit ist nicht nur die Ehrlichkeit gegenüber anderen gemeint. Ehrlichkeit gegenüber Dir selbst ist ebenso wichtig. Wenn Du einen Fehler gemacht hast, gestehe ihn Dir selbst ein und verzeihe Dir! Jeder macht einmal Fehler. Ehrlichkeit gegenüber anderen ist extrem wichtig denn es gibt Dir Transparenz und du brauchst dich nicht verstellen. Das ist gut für dein Gewissen und gesund für deine Seele. Ebenso vertrauen Dir mehr Menschen und das macht schon einen großen Teil deines charismatischen Status in der Gesellschaft aus. Wie wir schon gelernt haben bist Du nicht von Anderen abhängig und brauchst dich deshalb auch nicht verstellen.
Offenheit ist ebenso wichtig für einen Charismatiker! Sie lässt dich nicht nur neue Sachen entdecken sondern macht alles Erlebte zu einem Abenteuer! Du wirst so neue Menschen kennenlernen und neue Erfahrungen fürs Leben machen. Viele Menschen scheuen das Unbekannte weil sie Sicherheit wollen und verpassen damit viele schöne Momente.

Der Mehrwert:

Um wahre Freunde zu gewinnen und ein großes soziales Netzwerk aufzubauen muss man zuerst an sich selbst arbeiten. Du musst deinen Marktwert steigern! Bilde Dich weiter und Inverstiere Zeit und Geld in Dich selbst! Das hält dich mental fit und macht dich bereit für die Welt da draußen. Das lesen dieses Buches gehört auch dazu! Bücher und Seminare gehören für mich zu den absoluten Favoriten wenn es um die Steigerung des eigenen Marktwertes geht. Mit Geld in sich selbst investieren meine Ich aber nicht das Du alles für den Urlaub oder das neue Auto rausschmeißen sollst. Geistiges Eigentum kann Die nämlich niemand nehmen.

Mit diesem Mehrwert den Du durch deine Weiterbildung liefern kannst, bist Du in der Lage anderen Menschen zu helfen und ihr wahres Potenzial zu entfalten! Das macht die höchste Kunst des Charismas aus. Charismatische Menschen geben immer Mehrwert und sind keine Heuchler die nichts auf der Kante haben und Du bist ein Charismatiker!

Dadurch, dass Du anderen Menschen Mehrwert gibst, wirst du unsterblich! Du beeinflusst andere Leben ins Positive und bleibst dafür immer in Erinnerung. Vielleicht gehörst Du ja eines Tages zu den Menschen die damit die Welt verändern. Jeder Mensch ist zu Großem im Stande!

Weitere Bücher des Autors:

Selbsthypnose meistern: Erlerne die geheimen Techniken der Gedankenkontrolle   durch Meditation und Achtsamkeit

Der Charisma Mythos: Entdecken Sie das Geheimnis natürlicher Ausstrahlung und entwickeln Sie magnetische Anziehung

Rechtliches und Impressum:

Ich bin stets bemüht, alle Informationen und Angaben in diesem Buch korrekt und auf dem neusten Stand zu halten. Leider ist es trotzdem nie vollkommen ausgeschlossen, dass Fehler und Unklarheiten entstehen. Aus diesem Grund übernehme Ich keine Gewähr für Aktualität, Richtigkeit, Qualität und Vollständigkeit dieses Werkes. Für Schäden die durch die (Nicht-) Nutzung dieser Informationen, sowohl mittel- als auch unmittelbar entstehen, hafte Ich nicht. Für Hinweise auf Fehler und Unklarheiten wäre Ich Ihnen sehr dankbar!

Adrian Engel wird vertreten durch:
Daniel Karnatz
Tiefer Weg 22
01689 Weinböhla
karnatzdaniel@gmail.com